AF316872

CE BON

MONSIEUR BLANDIN!

COMÉDIE-VAUDEVILLE EN UN ACTE,

PAR

MM. PAUL DUPORT ET LAURENCIN,

REPRÉSENTÉÉ POUR LA PREMIÈRE FOIS, A PARIS, SUR LE THÉATRE DU GYMNASE-DRAMATIQUE, LE 20 OCTOBRE 1837.

PARIS.

MARCHANT, ÉDITEUR,
BOULEVART SAINT-MARTIN, 12.

1837

PERSONNAGES.   ACTEURS.

LE PÈRE BLANDIN, riche paysan *........................... M. Bouffé.

PHILIPPE, jeune sergent................................... M. Tisserand.

Mme LANDRY, aubergiste, tenant un bureau de poste aux lettres.... Mme Monval.

LOUISE, sa fille.. Mlle Habeneck.

Mlle PIERRET, maîtresse d'école............................ Mlle Julienne.

MICHEL, jeune paysan, garçon de l'auberge et facteur de la poste.... M. Morazain.

Habitans du bourg hommes et femmes, Demoiselles de noce.

La scène se passe dans un gros bourg du département du Calvados à quelques lieues de Caen.

* Le père Blandin devra être joué, en province, avec l'accent normand, quoique des circonstances particulières aient empêché M. Bouffé d'employer cet accent dans un des rôles où il a montré le plus de vérité et de profondeur.

CE BON

MONSIEUR BLANDIN!

COMÉDIE-VAUDEVILLE EN UN ACTE,

Le théâtre représente une salle de l'auberge de Mme Landry. Au fond, porte ouvrant sur la grande place du bourg. A côté de la porte, à droite, la boîte aux lettres, dont la bouche est en dehors. A gauche, une table. Du même côté, sur le premier plan, une porte conduisant à l'intérieur du logement de Mme Landry. A droite, une porte donnant sur une cour qui mène aux logemens des voyageurs et à celui de Philippe. Du même côté, un peu plus loin, une grande armoire, table, chaises communes, ameublement d'auberge.

SCENE PREMIERE.

LOUISE, *sortant de la porte à gauche.*

Personne!.. et j'aurai le temps de prendre... (*elle va à l'armoire, l'ouvre et en tire un coffret en acajou*) car c'est peut-être une superstition... mais mon petit talisman qui m'a déjà porté bonheur, je veux qu'il ne me quitte pas d'aujourd'hui... là, bien caché sous ma toilette de noce... et ce soir, quelle surprise pour Philippe!... Jusque là, je serais trop honteuse de lui avouer... mais alors il sera mon mari.

Elle s'apprête à ouvrir le coffret avec une clef qu'elle a sur elle.

SCENE II.
Mlle PIERRET, LOUISE.

Mlle PIERRET, *entrant.* Dix heures!... et ce lambin de Michel n'a pas encore apporté les lettres!...

LOUISE, *refermant vivement le coffret.* Mademoiselle Pierret!...

Mlle PIERRET, *apercevant Louise.* Ah! Louise... tu es seule... (*S'approchant.*) Qu'est-ce que tu faisais là?...

LOUISE, *qui tient le coffret de côté pour le cacher.* Moi!... rien!...

Mlle PIERRET, *qui observe son mouvement.* Rien! (*Tournant autour d'elle et montrant le coffret.*) Tiens!... ton coffret en *arcajou*! j'en étais sûre.

LOUISE, *le posant sur la table.* Plaît-il?...

Mlle PIERRET, *haussant les épaules avec un grognement, espèce de tic caractéristique de sa mauvaise humeur.* Hum! ta mère ne s'occupe que de son auberge et de son bureau de poste... mais moi, je n'ai pas mes yeux dans ma poche...

LOUISE, *à part.* Ni votre langue non plus.

Mlle PIERRET. Non, Dieu merci!... et en qualité de ta maîtresse d'école... car *qui qui* t'a appris à lire, écrire, honorer père et mère, monter tes bonnets et observer le respect que tu dois à leurs cheveux blancs?... moi... moi seule... Je réponds de tes principes; aussi je te surveille par attachement...

LOUISE, *à part.* Et par curiosité...

Mlle PIERRET. Ça finira que j'avertirai ta mère...

LOUISE. De quoi?...

Mlle PIERRET. Je ne sais pas... mais je l'avertirai toujours... prends-y garde! Si ton mariage n'a pas lieu aujourd'hui!..

LOUISE, *effrayée.* Par exemple!...qu'est-ce qui l'empêcherait?...

Mlle PIERRET. Dam!... t'en as déjà fait manquer un il y a trois mois. Le fils Sorel, un parti superbe, mille écus de rente et cinq pieds dix pouces... mam'selle se fait prier des siècles ; enfin elle dit oui, et puis pan, elle se dédit la veille de la chose...

LOUISE. C'est que je ne l'aimais pas, lui !

Mlle PIERRET. Raison de plus de se méfier... car Philippe, ton prétendu pour le quart d'heure, tu le connaissais encore ben moins, quand il est venu quelques jours ensuite s'installer dans la belle ferme qu'il a héritée de feu sa tante... il y avait deux ans de son dernier voyage au pays... Aussi, quand on a vu votre mariage se bâcler si vite, ça a joliment étonné tout le monde... Enfin, avant-z-hier le père Blandin, chez qui *que* j'étais allée pour obtenir qu'il me renouvelle le bail de mon école... m'a-t-il questionnée... et d'un air !...

LOUISE, dépitée.
AIR de la somnambule.

Lui, m'attaquer ! non, non ! un si bon homme,
Et dont chacun vante ici les bienfaits !...
Pour ses conseils en tous lieux on le r'nomme ;
Partout il cherche à rétablir la paix.

Mlle PIERRET, avec ironie.

Ah ! oui, d'après les éloges qu'on lui donne,
C'est un phénix, un' bouch' d'or et de miel.

LOUISE.

- C'est vrai, jamais il n' dit d' mal d' personne.

Mlle PIERRET.

Précisément, ça n'est pas naturel.

Ça n'empêche pas qu'il n'a eu aucune cesse qu'il ne m'ait eu fait dire tout, jusqu'à l'histoire de ton coffret.

LOUISE, *plus dépitée encore.* Ah ça !.. quelle histoire donc ?...

Mlle PIERRET. Eh ! ben, est-ce que je la sais ?.. Tout ce qu'il y a de sûr, c'est que dès que tu te crois seule, on te surprend à rôder autour, à l'ouvrir, à y regarder... preuve qu'il y a quelque chose là-dessous, c'est-à-dire là-dedans...

Elle montre le coffret.

LOUISE, *s'efforçant de sourire.* Beaucoup de choses même, mon collier, ma croix d'or, mon dé d'argent.

Mlle PIERRET. Ta... ta... ta... ta...

LOUISE. Fi, mademoiselle Pierret !... supposer !... faut être bien méchante !...

Mlle PIERRET. On est méchante parce qu'on a de la franchise...

LOUISE. C'est vrai ça... personne n'est à l'abri de vos soupçons et de vos propos... pas même ce bon M. Blandin... le plus honnête homme du pays... Vous dites du mal de tout le monde.

Mlle PIERRET. Et je n'en fais à personne...

PHILIPPE, *en dehors du théâtre, criant de la droite comme pour être entendu très-loin.* Bonjour, maman Landry !

Mme LANDRY, *de très-loin à gauche, en dehors du théâtre.* Bonjour, mon gendre !

Mlle PIERRET, *se retournant.* Tiens !... Philippe à cette fenêtre... Il n'a donc pas couché à sa ferme ?...

LOUISE. Vous ne saviez pas ?... il revient tous les soirs ici pour les apprêts de la noce.

Mlle PIERRET. Et il loge chez vous ?... c'est commode, près de sa future !...

LOUISE. Où est le mal, puisque nous tenons une auberge ?

Mlle PIERRET. C'est ce que je dis... c'est commode, et il y a un prétexte. L'auberge répond à tout.

Mme LANDRY, *de plus près.* Descendez, Philippe... il y a une lettre pour vous.

PHILIPPE. Merci...

Mlle PIERRET, *qui remonte le théâtre.* Ah ! Michel est donc arrivé !... (*Regardant au fond.*) Oui, car voilà les voisines en révolution pour savoir si elles ont des lettres ou des billets doux.

Pendant ce temps Louise est allée replacer le coffret dans l'armoire, d'où elle tire un registre qu'elle porte sur la table.

SCENE III.

LES MÊMES, Mme LANDRY, MICHEL, VOISINES *entrant par la porte du fond, et ensuite* PHILIPPE, *arrivant par la porte de droite.*

Mme LANDRY, *à Michel.* Allons, vite, ton sac, paresseux ?

MICHEL, *en détachant son sac.* Paresseux !... un métier de cheval !... que ces animaux eux-mêmes ne peuvent pas y tenir... Demandez plutôt au bidet que je remplace, et qui s'est retiré fourbu après trois ans de fonctions ?... Et moi qui ai de plus que lui d'être un chrétien baptisé et tout, vous ne me donnez pas le temps de souffler.

Il remet le sac à Mme Landry, qui le porte à la table.

Mlle PIERRET. Au fait, ce pauvre Michel ! il n'est que d'une heure en retard... il *s'a* foulé la rate.

MICHEL. Merci ! mam'selle Pierret... Ah ! à propos... (*tirant de sa poche un paquet*) voilà ce que le messager m'a remis pour vous... deux fausses dents et un tour de cheveux... quinze livres dix sous tout au juste.

Mlle PIERRET, *lui arrachant le paquet avec colère.* C'est bon, imbécile !

Michel va s'asseoir dans un coin et s'endort.

PHILIPPE, *entrant.* Bonjour... (*A Louise.*) Ma Louise, toujours plus jolie...

LOUISE, *tout en écrivant sur le registre.* M. Philippe...

Mme LANDRY, *qui a vidé le sac, pendant que Louise enregistre les lettres.* Vous, ne venez pas nous déranger dans notre coup de feu... Tenez, v'là votre lettre.

PHILIPPE, *allongeant la main pour la prendre.* Merci, belle-mère...

Mlle PIERRET, *prenant la lettre du passage, et lisant.* Ah! le timbre du Mans...

PHILIPPE, *lui prenant la lettre et regardant le dessus.* Ça vient de mon régiment.

Mlle PIERRET. Des souvenirs de garnison....

PHILIPPE, *brusquement.* Ça ne vous reg... (*se reprenant*) ça ne vous concerne pas...

Mlle PIERRET, *entre ses dents.* Grossier comme pain d'orge... (*Le voyant décacheter sa lettre.*) C'est ça, sans demander permission... Excusez... c'est plus tôt fait.

Mlle Pierret s'empare de quelques lettres.

Mme LANDRY, *allant les lui reprendre.* Eh bien! mademoiselle Pierret... à bas les mains...

Mlle PIERRET. Ah! Seigneur, n'a-t-elle pas peur qu'on les lui mange, ses lettres!..

Mme LANDRY, *qui a fini de vider le sac.* Voilà... tiens, Michel! Michel! (*elle le réveille*) cours distribuer celles-là.

SCENE IV.

Mme LANDRY, LOUISE, PHILIPPE, Mlle PIERRET.

PHILIPPE, *qui a achevé de lire sa lettre très-vivement.* Eh bien!.. voilà du nouveau...

TOUTES LES FEMMES. Quoi donc?

PHILIPPE. Savez-vous qui m'écrit? mon ancien capitaine.

Mlle PIERRET, *se rapprochant à droite.* Bah!.. qu'est-ce qu'il y a?.. qu'est-ce qu'il vous mande?.. qu'est-ce qu...

PHILIPPE, *à Mlle Pierret.* Patati, patata!.. vous êtes encore là?

Mlle PIERRET, *à part.* Encore!.. hum!.. butor!...

PHILIPPE. Au fait, je peux le dire devant vous... car je serai enchanté que tout le monde le sache...

Mlle PIERRET. Hein?..

Mme LANDRY. Contez-nous ça, pendant que ma fille achève son fichu, et que je lui arrange son bouquet de mariée.

Mlle PIERRET. Je vais vous aider.

Elle va prendre de l'ouvrage. Mme Landry et Louise vont s'asseoir à la table à gauche et s'occupent pendant cette scène et la suivante comme Mme Landry vient de l'annoncer.

PHILIPPE. Il y a trois mois... je venais d'achever mes sept ans de service...

Mme LANDRY. Et avec honneur, vous pouvez le dire... témoin votre croix obtenue à Anvers.

LOUISE. Et que depuis, quand vous croyiez mourir à Alger, vous aviez envoyée à votre pauvre tante...

Elle jette les yeux du côté de l'armoire où est son coffret.

PHILIPPE. Qui m'avait élevé!.. Un dernier souvenir!

Mlle PIERRET, *allant s'asseoir à droite du théâtre.* C'est même assez étrange qu'on n'ait jamais pu retrouver cette croix-là dans la succession... il y a des voleurs bien peu délicats!

LOUISE, *interrompant vivement.* Laissez-le donc achever!

PHILIPPE. Est-ce qu'il ne faut pas qu'elle dise toujours son mot?... Je me trouvais donc libre... mais, sur la demande de mon capitaine, je lui promis de me réengager si on me faisait passer de mon grade de fourrier à celui de maréchal-des-logis chef. Je ne me doutais guère de ce que j'aurais perdu, ma Louise... dam!.. à l'époque de mon dernier congé, vous n'aviez pas quinze ans, et le fait est que je ne pensais guère à vous, pas plus que vous à moi.

LOUISE, *à part.* Il croit ça... (*Regardant du côté de l'armoire.*) Heureusement que j'ai de quoi lui prouver le contraire...

PHILIPPE. Mon capitaine s'était fait fort d'arranger ça, et je me croyais si sûr de mes deux galons d'or, que j'avais chargé le notaire de Caen, où était notre garnison, de me vendre au plus vite la ferme de ma tante... et j'allais même la laisser aller à trente-cinq mille francs à un inconnu... un anonyme.

Mme LANDRY. Trente-cinq mille francs... une belle métairie comme la vôtre? mais c'était pour rien.

PHILIPPE. Oui, mais... bah! pour en finir... lorsqu'une injustice!... Le croiriez-vous?... ce titre, le prix de mes blessures... on le donnait à un blanc-bec... à un protégé.

Mme LANDRY. Ça vous mit en colère?

PHILIPPE. En colère!.. mieux que ça... Tenez, demandez au père Blandin, que je rencontrai dans l'étude où il venait voir le premier clerc Giffard, son filleul... il vous dira si j'étais furieux, en déclarant que je renonçais à vendre ma ferme, où j'allais me retirer de rage, pour la cultiver moi-même... Brave père Blandin!... ça avait même l'air de lui faire autant de chagrin qu'à moi.

Mlle PIERRET. Ah! hum!

Mme LANDRY *et* LOUISE. Il est si bon!

Mlle PIERRET, *entre ses dents.* Hum !

PHILIPPE, *la regardant.* Encore... Vrai, si on ne vous connaissait pas.... on vous croirait la plus méchante femme... Heureusement vous avez le cœur meilleur que la langue... Bref, depuis mon retour au pays... mes amours et mes fiançailles... je ne songeais guère à ce malheureux grade; eh bien! ne voilà-t-il pas qu'il m'arrive?

TOUTES LES TROIS. Bah !

PHILIPPE. Oui, ma Louise, juste à temps pour me donner le mérite de vous sacrifier quelque chose... car je vais tout de suite écrire mon refus au capitaine, qui en sera bien étonné, mais qui le trouverait tout simple s'il vous avait vue.

Mlle PIERRET.

Air : *J'en guette un petit de mon âge.*

Ah! ce compliment! quell' fadaise!

LOUISE.

Bah! laissez donc... je ne trouv' point...
J' crois qu' vous même en seriez fort aise
S'il était pour vous...

Mlle PIERRET.

Sur ce point,
Moi, je ne crains pas qu'on me raille;
Car, j'n'ai, malgré leurs complimens,
Jamais pu souffrir les amans.

PHILIPPE, *riant.*

C'était par droit de représaille.

Mlle PIERRET, *avec dépit.* Hein?

Mme LANDRY. Allons, allons, Philippe, dépêchez-vous donc d'aller faire votre réponse, si vous voulez qu'elle parte aujourd'hui!

PHILIPPE. C'est juste, on y va, belle maman...

Il va vers le fond, et s'arrête en apercevant Blandin.

SCENE V.

LES MÊMES, LE PÈRE BLANDIN.

LE PÈRE BLANDIN, *entrant par le fond.* Bonjour, m'sieur Philippe.... Salut, mesdames, la compagnie.

TOUS, *se retournant.* Le père Blandin!

LE PÈRE BLANDIN. Pour vous rendre mes petits respects... Ah çà! peut-être que je vous dérange? dites-le sans façon, je m'en vas...

En disant cela, il s'avance et descend le théâtre, entre Philippe et Louise.

TOUS, *excepté Mlle Pierret.* Du tout.... du tout!

Mme LANDRY. Nous déranger!... vous, père Blandin... notre ami!

PHILIPPE, *lui tendant la main.* L'ami de tout le monde dans le pays!

A chaque compliment adressé au père Blandin, Mlle Pierret fait entendre son grognement : hum!

LE PÈRE BLANDIN. Et surtout le vôtre, m'sieur Philippe... à cette heure que vous allez y être fixé... car, ça tient toujours pour aujourd'hui, la noce?

PHILIPPE. Sans doute!

LE PÈRE BLANDIN. Ah! tant mieux... ça me fait ben du plaisir, je vous en fais ben mon compliment, m'sieur Philippe. (*Philippe lui serre la main*) et à mademoiselle Louise aussi.... (*elle lui fait une inclination de tête*) sans vous oublier, madame Landry. (*Même inclination de Mme Landry.*) Ça me réjouit le cœur de voir de braves gens se marier ensemble; ça fait que la race n'en périra point. (*Riant.*) Faut faire de votre mieux pour ça, m'sieur Philippe... hi, hi, hi.

PHILIPPE, *riant.* Soyez paisible.... on sera là...

LE PÈRE BLANDIN. Ah dam! des bons, il n'y en a jamais assez... c'est des méchans qu'il y en a trop... (*Saluant Mlle Pierret.*) Je vous salue bien, mademoiselle Pierret...

Mlle PIERRET, *entre ses dents.* Hum ! (*Haut.*) Votre servante, monsieur Blandin, c'est-il à ce matin que vous en finirez de me *siner* mon bail?

LE PÈRE BLANDIN. Votre bail!... je ne dis pas non... Mais, pour le quart d'heure, je suis trop las... Je viens de rentrer des *paures* foins que j'ai.

PHILIPPE. Ah! oui, à côté de ma ferme... deux magnifiques quartiers de luzerne, que vous avez achetés, dit-on, dernièrement à la veuve Beaudoin.

LE PÈRE BLANDIN. Mon Dieu, oui... et qui me donnent bien plus de mal que ça ne vaut, allez !... Mais si on n'aidait pas les veuves... ces pauvres veuves!

PHILIPPE. Et puis, ça vous arrondit en encore... car vous avez beaucoup de bien par là.

LE PÈRE BLANDIN. Des riens !... des misères...

PHILIPPE. Laissez donc... un marquis de Carabas.... on me montrait ça l'autre jour.

LE PÈRE BLANDIN. Bah! ils vous ont montré?... que c'est bête! qu'ils sont donc bêtes dans le pays!

PHILIPPE. Oui, vous n'êtes pas vantard, vous... Mais un herbage superbe qui vient jusqu'à mon mur...

LE PÈRE BLANDIN. Ça, j'y tiens, parce que c'est de famille... Je l'ai acheté à feu défunt ma sœur, pour payer les dettes de son mari... l'honneur des siens avant tout!

PHILIPPE. Et puis vos trois belles pièces de blé, avec six arpens de vignes et une partie de bois tout contre mon clos !

LE PÈRE BLANDIN. Ça, je l'ai eu en mémoire de notre digne curé... à sa succession... Ce qui m'a fait pousser à l'enchère, c'est que ça se vendait au profit des indigens.

Mme LANDRY. Voyez-vous ça... ce bon M. Blandin !

PHILIPPE. Bref, il ne vous manque absolument que ma ferme pour avoir le plus beau domaine du pays... aussi je suis bien heureux d'avoir affaire à vous... Car enfin une ferme enclavée au beau milieu de vos biens....

Mlle PIERRET, *qui a écouté avec attention ; entre ses dents.* Ah ! ah !... hum !

PHILIPPE. Ça doit vous gêner.... beaucoup même.

LE PÈRE BLANDIN. Je ne dis pas... mais entre amis, on n'y regarde pas.

PHILIPPE. Il y en a qui, à votre place, pour me dégoûter de ma ferme et me forcer à la leur vendre, m'auraient cherché mille chicanes.

Mme LANDRY. Lui ! il n'y a pas de risque.

LE PÈRE BLANDIN. Des chicanes ?... Ah ! Dieu ! le ciel m'en préserve... les avocats, c'est ma bête noire ; et puis les procès !,... d'abord...

Mlle PIERRET. On peut les perdre.

LE PÈRE BLANDIN. On se fait des ennemis.

PHILIPPE. Ce qu'il y a de sûr, c'est que vous êtes le roi de voisins... Si j'avais bien su, il y a trois mois, c'est à vous que je l'aurais proposée... Savez-vous que ça aurait donné une fameuse valeur à votre propriété... et justement que je vous rencontrai, à cette époque-là, chez mon notaire !

Mlle PIERRET. Tiens.... comme ça se trouvait bien !... En voilà un de hasard !

LE PÈRE BLANDIN. Oui, c'est le mot, car je n'y allais pas pour ça... j'ignorais même qu'elle fût en vente... Et puis, bah ! j'en ai bien assez comme ça de la terre.... Tenez, on me l'aurait offerte pour rien.... je me fais vieux, mon bon Philippe !

PHILIPPE. Ma foi ! sans mon mariage.... mais à présent, je ne la vendrais pas, m'en offrît-on quatre fois ce qu'elle vaut....., C'est sur ma ferme que j'ai assigné le douaire de Louise.

LE PÈRE BLANDIN. Ah ! une bonne idée... je ne m'en doutais pas.

PHILIPPE, *le quittant.* Mais pardon, j'oublie...

LE PÈRE BLANDIN. Eh bien ! vous partez ?... Nous ne déjeunons donc pas ensemble ?

PHILIPPE. Si fait... si fait... Pendant que ces dames feront leur toilette, je vous demanderai seulement le temps d'aller griffonner quelques lignes qu'il faut que je jette ce matin à la poste.

LE PÈRE BLANDIN. Heureusement, vous n'aurez pas loin à aller... la boîte est là... Ah çà ! m'sieur Philippe, un morceau *sur le* pouce... l'histoire de trinquer à la prospérité de votre ménage !

PHILIPPE, *en passant, à* Mme *Landry et à Louise.* Est-il bon !... nous aime-t-il !

Mme LANDRY *et* LOUISE. Oh ! ça...

Grognement de Mlle *Pierret, qui doit revenir plus souvent même qu'il n'est indiqué.*

PHILIPPE.

AIR : *Sans retard, partons vite.* (Père et Fils, du Vaudeville.)

Sans retard, je vous quitte,
Pour pouvoir
Librement, et plus vite,
Vous revoir.
Ah ! de l'hyménée
Qui bientôt va nous unir,
Combien la journée
A mon cœur caus' de plaisir !

LE PÈRE BLANDIN.

Oui, c' jour doit vous plaire ;
Mais j' gag'rais, sans êtr' devin,
Qu' vous n' le r'gret'rez guère
Avec malice.
Quand il s'ra près de sa fin.

PHILIPPE. Toujours jovial !

LE PÈRE BLANDIN. Le petit mot pour rire... faut ça... je suis de la vieille roche... eh ! eh ! eh !

REPRISE DE L'ENSEMBLE.

PHILIPPE.

Sans retard, je vous quitte, etc.

TOUS LES AUTRES.

Sans retard il nous quitte,
Pour pouvoir
Librement, et plus vite,
Nous revoir.

Philippe sort par la porte à droite.

SCENE VI.

Mme LANDRY, LOUISE, Mlle PIERRET, LE PÈRE BLANDIN.

Mlle PIERRET, *se rapprochant de la table.* Eh ben ! vous ne serez jamais prêtes.

LOUISE. Nous finissons.

LE PÈRE BLANDIN, *qui a reconduit Philippe, redescend au milieu.* Voilà ! voilà ce que j'appelle un bon garçon, M. Philippe !.. est bien honnête et bien aimable, et bien tout, quoi !

LOUISE. N'est-ce pas, père Blandin ?

LE PÈRE BLANDIN. Pour sûr, mon bel ange, qu'une femme ne sera pas malheureuse avec lui!

LOUISE. Oh ! ça...

LE PÈRE BLANDIN, *à M*^{lle} *Pierret qui travaille.* Oui, oui, mademoiselle Pierret, vous avez beau faire votre (*la parodiant*) hum ! hum !

Mlle PIERRET, *étonnée.* Moi !... Comment?

LE PÈRE BLANDIN, *à M*^{lle} *Pierret.* Chacun son avis... je ne suis pas du vôtre.

Mlle PIERRET. Quel avis?

LE PÈRE BLANDIN. Votre hum !... que vous faites chaque fois que vous m'entendez dire du bien de M. Philippe.

Mlle PIERRET. Hein?

LE PÈRE BLANDIN. Oh ! pardine, si vous allez le juger d'après les cancans qu'ils font tous à la ville...

Mme LANDRY. Tous !...

LOUISE. Sur Philippe !...

LE PÈRE BLANDIN, *à mademoiselle Pierret, en baissant la voix, mais de manière à être entendu par les autres.* Moi, je vous répondrai à ça que faut de l'indulgence pour la jeunesse, et qu'à tout péché miséricorde... d'ailleurs, depuis sa sortie du régiment, M. Philippe n'est-il pas la douceur, la sagesse et la sobriété même?

LOUISE. Que signifie ?...

Mme LANDRY, *allant à Blandin.* Est-ce que vous auriez appris qu'auparavant ?...

LE PÈRE BLANDIN. Non... bah !... quelques verres de vin avec les amis... qui est-ce qui n'en boit pas !... moi tout le premier... Tenez, l'année de la comète...

Mme LANDRY. Cependant...

LE PÈRE BLANDIN. Bah ! les propos !... ça m'entre par une oreille, ça me sort par l'autre... faut suivre mon exemple, mademoiselle Pierret.

Mlle PIERRET. Permettez... je n'ai jamais dit...

LE PÈRE BLANDIN. Non !... vous ne dites pas... voilà le pire, parce que ça en fait supposer davantage...

LOUISE. Davantage !...

Mme LANDRY. Ça en serait bien assez...

LOUISE, *allant à lui.* Mon bon monsieur Blandin, je vous en prie...

LE PÈRE BLANDIN, *prenant le fichu qu'elle tient.* Oh ! le joli fichu ! c'est-t'il vous qu'a brodé ça ?... quel travail ! on jurerait un ouvrage de fée !...

LOUISE. Il s'agit bien de mon fichu ! .. vous parliez là de sagesse... Est-ce que M. Philippe passait pour un coureur, un volage ?...

LE PÈRE BLANDIN. Eh ! non , mon enfant... eh ! non !... où allez-vous prendre des idées pareilles ?... là , vous voyez ben , mademoiselle Pierret , vous voyez.... c'te chérie du bon Dieu qui va se mettre martel en tête... voilà pourtant où ça mène , les cancans !...

Mlle PIERRET , *impatientée.* Mais....

LE PÈRE BLANDIN, *l'interrompant.* Mais ça pourrait être de faux rapports, ma chère demoiselle , et au bout du compte , une supposition que ça fût vrai...

Mme LANDRY , *et* LOUISE. Vrai !...

LE PÈRE BLANDIN , *à* Mlle *Pierret.* Eh ben! quoi? des fredaines de jeune homme... le mieux est d'en rire...

Air du Charlatanisme.

> Pour sa moitié p't-être même encor
> Est-ce un bien, est-ce le témoignage
> Qu'il ne s'ra point jamais butor,
> Ni point méchant dans son ménage.
> Comm' partout il port' son ardeur,
> Qu'il n'est aucun' femm' qui n'obtienne
> Aisément des droits sur son cœur;
> Faudrait avoir ben du malheur
> Si, dans l'nombre, il n'aim' pas la sienne.

Et puis , bah !... ces fougues d'amour , ça se passe avec l'âge... Allez , allez , ça le quittera plutôt que ça ne nous reviendra à nous , mademoiselle Pierret... hé ! hé !...

Mlle PIERRET , *outrée.* Ah çà ! monsieur Blandin... à la fin des fins...

LE PÈRE BLANDIN, *l'interrompant vivement.* Ah ! si nous y mettons de la colère , de l'emportement , pour que ça paraisse sérieux , pour inquiéter encore plus le monde !

Mme LANDRY , *l'arrêtant.* Un mot seulement, mon bon monsieur Blandin!...

LE PÈRE BLANDIN. Non , non... à quoi que ça servirait à présent, que vous n'auriez plus le temps d'aller aux informations...

Mme LANDRY. C'est pour ça... vaudrait mieux tout rompre !...

TOUS. Rompre !

LOUISE , *à part.* O ciel !

Mlle PIERRET , *à part.* Qu'est-ce qu'il a donc, le père Blandin?.. on dirait que ce mariage le contrarie...

LE PÈRE BLANDIN. Rompre !... ah ! madame Landry !... s'il faut entendre dire de ces choses-là... j'aime mieux m'en aller...

Mlle PIERRET. Laissez-le partir... je vas vous expliquer.

LE PÈRE BLANDIN, *les séparant vivement.* Eh ! non... ça ne servirait qu'à troubler votre gaîté... et il en faut un jour de noces... c'est de rigueur... allons, le voile, le bouquet, les bijoux de la mariée!...

Air : *Je prends ici le parti le plus sage.*

Allons, allons, vite à votre toilette,
Dépêchez-vous, mon enfant, il le faut ;
Pour un hymen, pour un' si douce fête,
On n' peut jamais être prête trop tôt.

LOUISE, *bas à Blandin pendant que sa mère reporte la table au fond.*

Sur les défauts de Philippe, silence !
De m' voir heureuse avec un autr' mari
Ma mèr' peut-êtr' concevrait l'espérance ;
Mais, moi, j' préfèr' le malheur avec lui.

Mme *Landry redescend, et va pour parler à M*^{lle} *Pierret ; Blandin l'arrête au passage.*

ENSEMBLE.

BLANDIN.

Allons, etc.

LES TROIS FEMMES.

Nous vous quittons ; vite à notre toilette,
Car le temps presse, hâtons-nous, il le faut ;
Dans un instant, chacun de nous s'ra prête,
Ensemble ici nous reviendrons bientôt.

Louise et sa mère sortent par la gauche.

SCENE VII.

LE PÈRE BLANDIN, Mlle PIERRET.

LE PÈRE BLANDIN, *arrêtant mademoiselle Pierret, qui suit Louise et sa mère.* Où allez-vous, mam'zelle Pierret ? les retracasser encore ?

Mlle PIERRET. Au contraire, puisque c'est pour les rassurer.

LE PÈRE BLANDIN. C'est que je pensais que si vous allez vous habiller... si vous étiez prête avant la noce, nous pourrions causer un brin de ce bail.

Mlle PIERRET, *avec joie.* Le bail ! hein !

LE PÈRE BLANDIN. Et peut-être en finir pour l'acte, pendant que le clerc, mon filleul, sera là... mais il faudrait vous dépêcher.

Mlle PIERRET, *enchantée.* Oui... oui... oh ! j'y cours... j'y cours, monsieur Blandin...

Elle sort par le fond.

SCENE VIII.

LE PÈRE BLANDIN, MICHEL.

LE PÈRE BLANDIN. Maintenant, allons voir à ce déjeuner.

Il se dirige vers la porte de gauche.

MICHEL, *entrant par cette porte, une assiette de jambon dans une main, dans l'autre une omelette, deux bouteilles sous un bras, un pain sous l'autre.* Gare ! gare ! que je ne fasse pas de malheur !...

LE PÈRE BLANDIN, *le débarrassant.* Donne, donne-moi... pourquoi te charger tant ?..

MICHEL. Pour ne pas retourner, donc !... mes jambes n'existent plus... que pour la forme...

Ils ont posé le tout sur la table.

LE PÈRE BLANDIN. Où est m'sieur Philippe ?...

MICHEL. Je ne crois pas qu'il soit prêt. Les valets de ferme qui sont venus l'interrompre avec leurs bouquets de noce... ah ! dam ! ils sont si contens à la ferme de voir leur maître se marier... une jeune femme, ça fera aller la ferme, et M. Philippe ne pensera plus à la vendre, sa ferme...

LE PÈRE BLANDIN. La ferme, la ferme... c'est bon, jacasse... dépêchons.

MICHEL. Oui, oui... tenez, le voyez-vous qui leuz-y donne pour-boire (*montrant le fond à droite en dehors du théâtre*) là à la grande porte de la cour.

LE PÈRE BLANDIN. Finis d'mettre ça, j' vas l' prévenir.

MICHEL, *pendant qu'il met verres, couteaux, fourchettes.* C'est ça, dépêche-toi... voilà le refrain...

LE PÈRE BLANDIN, *à la porte du fond.* A table, m'sieur Philippe... à table !..

SCENE IX.

LES MÊMES, PHILIPPE.

PHILIPPE, *avant de paraître.* Adieu, mes amis...

LE PÈRE BLANDIN. A table donc, l'omelette refroidit, le vin s'échauffe...

MICHEL, *à part.* A-t-il hâte de jouer de la fourchette donc, le père Blandin !.. d'ordinaire il n'est pourtant pas sur sa bouche.

PHILIPPE, *s'asseyant.* Diable de lettre !... elle a du malheur... au fait, je l'écrirai après déjeuner.

MICHEL, *à part.* Les voilà en place... ma foi !... s'il leuz-y manque quelque chose ils achèveront eux-mêmes... Tiens donc !... c'est noce aujourd'hui... faut s'amuser... je vas dormir...

Il sort.

SCENE X.

LE PÈRE BLANDIN, PHILIPPE.

LE PÈRE BLANDIN, *qui a rempli les deux verres, prenant le sien.* Ah çà !... le premier verre de vin, comme de juste, à la santé de Mlle Louise... ou plutôt, non... (*d'un ton solennel*) de madame Philippe !... (*gaîment.*) hé !.... ça y est-il ?

PHILIPPE, *trinquant.* Ah ! de tout cœur,

père Blandin... lui entendre donner ce nom-là !... vrai... vous n'imaginez pas le plaisir que vous me faites...

LE PÈRE BLANDIN. Que si, que je l'imagine !... une petite femme aussi avenante, aussi affriolante, n'y a pas à dire... tout ce qu'un mari peut désirer... bien sûr, celle-là, qu'elle n'aurait jamais manqué d'épouseux, comme je l'ai toujours soutenu, quand le premier s'est retiré...

PHILIPPE, *étonné*. Comment, le premier ?...

LE PÈRE BLANDIN. Eh! oui... vous savez bien...

PHILIPPE, *inquiet*. Louise a déjà eu un prétendu ! Et qui donc ?

LE PÈRE BLANDIN. Eh ben ! le fils Sorel... oh ! un beau garçon, faut être juste.. la tête de plus que nous deux...

PHILIPPE. Mais à quelle époque ?...

LE PÈRE BLANDIN. Oh ! il y a déjà du temps...

PHILIPPE, *satisfait*. Ah !...

LE PÈRE BLANDIN. Bientôt trois mois... s'il n'y a pas trois mois... guère s'en faut...

PHILIPPE. Que ça !... et pourquoi s'est-il donc retiré... par quelle cause ?...

LE PÈRE BLANDIN. La cause ?... ah ! dam !... ça, c'est la bouteille à l'encre... tout ce qu'on sait, c'est qu'il est allé à Paris... peut-être un caprice, une foucade de jeune homme, pour voir s'il ferait là-bas des passions aussi aisément qu'ici... Hé ! hé ! hé !...

PHILIPPE. Des passions !... Louise l'aimait donc ?...

LE PÈRE BLANDIN. Oh !... c'est-à-dire, qu'elle avait accepté d'être sa femme... mais bah !... ce n'est pas là une preuve... les jeunes filles... pour être mariées...

PHILIPPE, *s'écriant avec amertume*. Oui.. leur bouche a eu beau consentir, ça ne prouve pas que leur cœur...

LE PÈRE BLANDIN, *prenant la bouteille*. Allons, c'est votre tour maintenant... m'sieur Philippe, à votre santé !...

PHILIPPE, *d'un air distrait, tendant son verre*. Merci !..

LE PÈRE BLANDIN, *remplissant les verres*. Et à votre pleine et entière satisfaction dans tout ce qui peut vous être agréable!
Il tend son verre pour trinquer.

PHILIPPE, *toujours préoccupé*. Bien obligé !... (*Au moment de trinquer, replaçant son verre avec violence sur la table.*) Morbleu !... si j'avais appris ça seulement hier !...

LE PÈRE BLANDIN. Quoi donc ?...

PHILIPPE. Eh !... ce premier mariage!..

LE PÈRE BLANDIN. Tiens!... vous y pensez encore !... Que craignez-vous ?... puisqu'il est parti... l'autre, le premier... et qu'à son retour vous aurez pris sa place, (*riant*) mon gaillard?.. hé! hé !... il n'y aura plus pour lui de revenez-y... d'autant qu'alors Mlle Louise, (*se reprenant*) Mme Philippe (*geste de Philippe*) ne pensera plus à lui... ou bien peu... si peu que rien...

PHILIPPE. Ah ! ce sera toujours trop !... Louise !... Louise !... elle en a aimé un autre...

LE PÈRE BLANDIN. Est-ce que nous serions jaloux, par hasard ?... Ah ! m'sieur Philippe, je ne vous conseille pas... n'y a rien de plus mauvais... vaudrait mieux encore être trompé...

PHILIPPE, *avec énergie*. Trompé !...

LE PÈRE BLANDIN. Eh! non !... eh! non !... vous ne le serez pas... Qu'est-ce que c'est donc qu'une tête comme ça, une vraie poudrière?., (*Philippe garde le silence.*) Mais... je vois ce que c'est... la Pierret a encore jasé, elle vous aura conté aussi ses tas d'inventions !

PHILIPPE. Comment? que voulez-vous dire?...

LE PÈRE BLANDIN. Oui... sur ce coffret d'acajou dans quoi que Mlle Louise garderait ce gage... ce souvenir... ce je ne sais quoi... des bêtises, des enfantillages, que ce n'est plus la peine d'en parler... et que je lui avais bien défendu de vous en ouvrir la bouche.

PHILIPPE, *plus exalté encore*. Un gage !... un souvenir... où cela?

LE PÈRE BLANDIN. Puisqu'on vous dit que c'est faux...

PHILIPPE. Père Blandin, je veux savoir...

LE PÈRE BLANDIN. Ne me questionnez pas, c'est inutile.

PHILIPPE. Alors... je vais chercher partout, bouleverser tout...

LE PÈRE BLANDIN. Ah ! m'sieur Philippe!... ah!... votre délicatesse... et moi-même... je ne ne pourrais pas permettre devant moi... Si nous étions à la maison, je serais le premier à vous ouvrir l'armoire...

PHILIPPE. Vous avez raison... c'est digne de votre caractère, père Blandin!... Mais sans vous... je crois que je...

LE PÈRE BLANDIN. A la bonne heure, vous voilà calme... et pour chasser tout-à-fait ces brouillards-là... si nous buvions la petite goutte... Moi qui suis dans mes soins depuis le Patron-Minette... Hein ! un dé d'eau-de-vie, ça ravigotte...

PHILIPPE. Rien de plus aisé. (*Appelant.*) Michel!... Michel!... Où est-il donc?... Je vais le chercher.

LE PÈRE BLANDIN. Vous aurez plus tôt fait de prendre vous-même la bouteille.

PHILIPPE. Où?...

LE PÈRE BLANDIN. Dam! dans l'armoire... je suppose...

PHILIPPE. Ça suffit... je vais...

LE PÈRE BLANDIN. Cherchez bien dans tous les coins.

PHILIPPE, *qui a ouvert l'armoire.* C'est bon!... (*Avec surprise, à lui-même.*) Ah! que vois-je... un coffret en acajou!...

LE PÈRE BLANDIN, *voyant qu'il tient le coffret.* Vous ne la trouvez pas?... Eh bien! je vas appeler Michel... il faudra bien qu'il nous... Hé! Michel!... Michel!

Il sort.

PHILIPPE. Personne!... ce coffret... si c'était... Il faut que je sache...

Il va prendre le coffret.

SCÈNE XI.

PHILIPPE, LOUISE, *en toilette de mariée.*

LOUISE, *entrant, à la cantonnade.* Oui, maman, tout de suite...

PHILIPPE. Ciel!...

Il veut replacer le coffret et le laisse tomber.

LOUISE, *poussant un cri.* Ah!... (*Courant relever son coffret.*) Que faites-vous donc là?...

PHILIPPE, *embarrassé, balbutiant.* Moi... mais... je... dam!... je... cherchais... la bouteille...

LOUISE, *qui examine son coffret.* Mon pauvre coffret!... S'il s'était brisé, j'en aurais été désolée!

PHILIPPE, *avec expression.* Ah!... vous y tenez donc beaucoup, mademoiselle!...

LOUISE. A coup sûr...

PHILIPPE. Il renferme apparemment quelque chose de bien précieux...

LOUISE. Mais... peut-être!...

PHILIPPE. Vraiment!... (*Se contraignant.*) Et... peut-on savoir quoi?...

LOUISE. Plus tard...

PHILIPPE. Pourquoi pas tout de suite?

LOUISE. Si c'est un secret.

PHILIPPE. Vous en auriez pour moi... pour votre mari?...

LOUISE. Mais... vous ne l'êtes pas encore!...

PHILIPPE. J'entends... et vous ne tenez guère à ce que je le devienne.

LOUISE. Plaît-il!... Que signifie?...

PHILIPPE. Cela signifie... que je sais tout, mademoiselle...

LOUISE. Tout... par exemple... Et quoi donc, monsieur?

SCÈNE XII.

LES MÊMES, LE PÈRE BLANDIN, *rentrant avec une bouteille.*

LE PÈRE BLANDIN. La v'là... la v'là... Eh bien! qu'est-ce qu'il y a?... une discussion!

LOUISE. Mais qu'est-ce qui lui prend, monsieur Blandin, je vous le demande... me faire une querelle pour excuse d'avoir failli me briser mon coffret.

LE PÈRE BLANDIN. Un coffret? (*Il le prend.*) Tiens, en acajou! (*A Philippe.*) C'est peut-être celui que Mlle Pierret... Il n'est pas cassé?... Non... en dehors il n'y a rien... Mais peut-être bien qu'en dedans... Si on avait la clef. (*Louise veut lui retirer le coffret.*) Après ça, si c'est des papiers, des lettres. (*Riant.*) Hé! hé!

PHILIPPE. Des lettres!

LE PÈRE BLANDIN. Ça n'est pas bien casuel.

Il va reporter le coffret.

PHILIPPE. Louise!... Louise!... il en est encore temps... ayez de la franchise avec moi, je vous en conjure...

LOUISE. Est-ce que j'en ai manqué, donc?

LE PÈRE BLANDIN, *reportant la table dans le fond.* Elle n'en a pas manqué... elle le dit elle-même... M'sieur Philippe... vous m'aviez ben promis qu'il ne serait plus question de ces idées-là...

LOUISE. Mais quelles idées?...

PHILIPPE. Louise... en aimeriez-vous un autre?...

LOUISE, *indignée, en pleurant.* Moi!... Ah! monsieur!... on ne soupçonne ces trahisons-là que quand on en est capable soi-même...

PHILIPPE. Que voulez-vous dire?...

LOUISE. Qui vous fait supposer?...

PHILIPPE. Eh bien!... tenez, expliquons-nous sans détour.

LE PÈRE BLANDIN, *passant vivement au milieu, il tient une chaise qu'il allait ranger.* Non, non, pas d'explication!... pas de reproches, le passé est passé... faut faire la paix aveuglément et de confiance...

Ils parlent tous ensemble et avec beaucoup de vivacité.

LOUISE. Laissez, mon bon monsieur Blandin!

PHILIPPE. Permettez, mon digne ami...

LE PÈRE BLANDIN, *apercevant Mme Landry qui entre, élevant la voix.* Non, non... pour vous *envelimer* encore... et que si Mme Landry entend qu'on se dispute, il y a de quoi occasionner la rupture du mariage.

PHILIPPE *et* LOUISE. Ciel!...

LE PÈRE BLANDIN. Et justement, tenez, la voilà!...

SCENE XIII.

LES MÊMES, Mme LANDRY.

Mme LANDRY, *à la cantonnade.* Reposez-vous, je vais les chercher... (*Elle entre.*) Ah çà!... quel bruit faites-vous donc?... que si je n'avais pas été occupée à recevoir M. Giffard....

LE PÈRE BLANDIN. Mon filleul! il est arrivé?...

Mme LANDRY. Il apporte ce contrat... (*Mouvement des trois autres personnages.*) Eh bien! Louise, comment? tu n'as pas encore mis tes bijoux que tu étais venue chercher?... et Philippe qui n'est pas habillé... Ah çà! mais...

LE PÈRE BLANDIN. Oh!... pour lire un contrat, il n'y a pas besoin de mitaines à quatre pouces.

Mme LANDRY. Oui, au fait... allons, venez... Eh ben!... qu'est-ce que ça signifie? chacun dans son coin, l'air boudeur et soucieux... Qu'est-ce que vous avez donc?...

PHILIPPE, *vivement.* Rien, madame Landry...

LOUISE, *de même.* Rien du tout...

LE PÈRE BLANDIN, *en appuyant.* Moins que rien...

Mme LANDRY, *observant l'air composé du père Blandin.* Ah!... (*Regardant Louise.*) Je ne me trompe pas, ma fille a pleuré...

LOUISE, *très-vivement.* Oh! non, maman...

LE PÈRE BLANDIN. Ça, je n'ai pas vu; ça n'a pas été jusque là.

Mme LANDRY. Il faut que je sache ce qui s'est passé...

PHILIPPE. Nous causions... voilà tout...

LE PÈRE BLANDIN. Eh! oui... ils causaient gentiment...

Mme LANDRY, *au père Blandin.* Oui, oui... je ne suis pas votre dupe... une dispute que vous aurez apaisée, mon bon monsieur Blandin!

LE PÈRE BLANDIN. Une dispute!... non pas positivement. (*Philippe le tire par son habit, Louise lui fait des signes derrière sa mère pour qu'il dise non. A Mme Landry.*) Une bouteille d'eau-de-vie que m'sieur Phi-

lippe allait prendre dans l'armoire, voilà l'origine... (*Aux deux jeunes gens.*) N'est-ce pas?...

Mme LANDRY, *à part.* C'est ça!... ivrogne et querelleur!... ça me confirme tout le reste.

LE PÈRE BLANDIN, *à Mme Landry.* D'ailleurs, ça commençait à se rapapilloter... (*aux deux jeunes gens*) n'est-ce pas?... (*A Mme Landry, d'un air de bonhomie.*) Et vous savez, la maman, à leuz âge, les raccommodemens, c'est la fine fleur de l'amour.

Mme LANDRY, *à part, secouant la tête.* Hum!... tout ça! tout ça!...

LE PÈRE BLANDIN. Allons, allons, madame Landry... et ce contrat...

Mme LANDRY. Au fait... il ne faut pas faire attendre votre filleul... ça ne serait pas poli... (*A part.*) Mais, si les choses étaient moins avancées!...

LE PÈRE BLANDIN, *avec intention.* Eh ben! m'sieur Philippe... vous ne donnez pas la main à votre belle-mère?...

PHILIPPE, *sortant de sa préoccupation.* Tout de suite.

Mme LANDRY, *à part.* C'est vrai, je n'y faisais pas attention; il doit me donner la main, et il ne me donnait pas la main!... S'il commence déjà à être grossier, ça promet.

PHILIPPE, *qui s'est approché de Mme Landry, lui présentant la main.* Pardon, madame Landry!

Mme LANDRY, *à part.* C'est heureux... monsieur se décide... Mais tout n'est pas fini.

Elle sort avec Philippe.

LOUISE. Ah! mon Dieu, monsieur Blandin!..

LE PÈRE BLANDIN, *lui donnant la main.* Soyez tranquille, je ne vous quitte pas... j'arrangerai tout ça.

SCENE XIV.

LES MÊMES, Mlle PIERRET, *en toilette de noce.*

Mlle PIERRET, *entrant par le fond.* Me voilà, père Blandin, je suis prête... Va toujours, Louise, va toujours...

LE PÈRE BLANDIN. Tout de suite... tout de suite... Mademoiselle Pierret... Attendez-moi cinq minutes... La mère Landry est si mal disposée... tout ça est si embrouillé... il faut que je tâche...

Louise sort, il veut la suivre.

SCENE XV.

Mlle PIERRET, LE PÈRE BLANDIN.

Mlle PIERRET, *l'arrêtant.* Comment? il y a donc eu quelque chose?

LE PÈRE BLANDIN. Oui, que je vous dis; mais je vais raccommoder ça.

Mlle PIERRET, *avec ironie.* Raccommoder! ah! oui... Vous craignez que votre cher filleul n'en vienne pas à bout tout seul; c'est pourtant un autre vous-même, et vous avez dû lui donner vos instructions.

LE PÈRE BLANDIN, *insistant pour passer.* C'est égal...

Mlle PIERRET, *lui barrant le passage.* Ah! vous n'irez pas *(appuyant)* les raccommoder, que nous n'ayons terminé ensemble.

LE PÈRE BLANDIN. Eh bien! dépêchons-nous. *(Prêtant l'oreille.)* Vous n'entendez rien?... Il me semblait avoir entendu...

Mlle PIERRET. Non, non... Il paraît que ça se passe très-bien, très-tranquillement.

LE PÈRE BLANDIN. Ah! tant mieux, tant mieux... Eh bien! ce bail, vous le voulez encore... pour?...

Mlle PIERRET. Neuf ans.

LE PÈRE BLANDIN. Neuf ans!... Il paraît que vous n'avez pas encore trop envie de mourir à ce soir... et vous faites bien... puisque le bon Dieu nous y a mis, faut y rester le plus long-temps qu'on peut.... Mais dépêchons... Eh bien! ça va... avec un petite augmentation...

Mlle PIERRET. Oui, vous m'augmenterez le jardin en y ajoutant les cinq perches de vignes qui sont au bout...

On entend du bruit au dehors.

LE PÈRE BLANDIN. Ah! mademoiselle Pierret, cinq perches dans ce moment-ci que la terre monte... monte... qu'on ne sait pas où elle s'arrêtera...

Mlle PIERRET. Écoutez... chut... oui, on se querelle... La mère Landry...

LE PÈRE BLANDIN. Eh! non, non!

Mme LANDRY, *en dehors.* Tout est rompu!

Mlle PIERRET, Hein... tout est rompu... Ah! par exemple!... cette pauvre Louise... Laissez-moi!... rompu!...

LE PÈRE BLANDIN, *la retenant et fermant la porte.* Eh! non... conclu... conclu... vous avez mal entendu, c'est fini... ils se sont arrangés... et maintenant nous pouvons causer tranquillement... va pour les cinq perches, dès que ça vous fait plaisir... touchez là.

Mlle PIERRET. Enfin... et le bail signé tout de suite... Tenez, en voilà un tout prêt.... il ne manque que votre signature.

LE PÈRE BLANDIN. Ma... oui... oui...

mais vous me donnerez bien le temps de lire. *(Il cherche dans sa poche.)* Bon... v'là que j'aurai oublié mes lunettes... vous verrez que j'aurai oublié mes lunettes.

Mlle PIERRET, *lui mettant les siennes sur le nez.* Tenez, voici les miennes.

LE PÈRE BLANDIN. Bien... Ah bien... Quel numéro que vous avez donc?... v'là que je n'y vois plus du tout... vous êtes là, et je vous vois pas... je vois comme un brouillard... un épais brouillard...

On entend la ritournelle de l'air suivant.

SCENE XVI.

LES MÊMES, DEMOISELLES DE NOCE.

LE PÈRE BLANDIN. Eh! c'est les demoiselles de noce...

LES DEMOISELLES DE NOCE.

AIR : *Le plaisir nous engage.* (Père et Fils.)

> Pour aller à l'église,
> Nous v'nons prendre Louise ;
> Trouvez-vous que not' mise
> A ce jour de bonheur,
> Fasse honneur ?

UNE JEUNE FILLE. Ah! mon Dieu!... comme ils crient là-dedans!...

LE PÈRE BLANDIN. C'est de joie, on signe le contrat...

LA JEUNE FILLE. Allons voir...

LE PÈRE BLANDIN. Ne les dérangez pas... ça serait dommage!... de me priver sitôt de votre vue... car vous êtes éblouissantes... parole d'honneur!...

Mlle PIERRET, *qui a été prendre l'écritoire et une plume.* Ah ça! père Blandin...

LE PÈRE BLANDIN. Eh bien!... qu'est-ce qui vous inquiète... puisque je suis avec vous... que je n'en bouge pas?.. Lire devant ces demoiselles, fi donc, ça ne serait pas galant... *(Aux demoiselles.)* Oh! que de rubans!... En voilà ce qui s'appelle des rubans jolis et coquets!...

UNE JEUNE FILLE. Dam!... des demoiselles de noce... En voulez-vous, père Blandin ?

LE PÈRE BLANDIN, *avec une gaîté très-expansive.* Pourquoi pas?.. Oui... que j'en veux... Je suis de la noce... j' veux être garçon de noce... donnez-m'en... donnez-m'en... que j'en mette partout.... ici.... là... à ma boutonnière, à mon chapeau... en attendant la jarretière de la mariée... Ah! c'est que moi, j'aime les jeunes gens... je suis de leur bord...

AIR : *Restez, restez, troupe jolie.*

> Aujourd'hui, malgré ma vieillesse,
> J' compte avec vous, pour m'égayer,

Trouver comme un regain d' jeunesse ;
Dans l' cortége j' march'rai l' premier
A côté du ménétrier ;
Et si quelqu'un de vous murmure
De suivre mes pas tremblotans,
J' lui dirai : c'est dans la nature
Qu' l'hiver mène après lui l' printemps.

UNE JEUNE FILLE. Est-il gai ! est-il aimable !

TOUTES. Oh ! oui... oui, vive le père Blandin !

Mlle PIERRET. Chut donc ! le bruit redouble des reproches... des injures...

LE PÈRE BLANDIN. Bah ! vous croyez ?..

TOUS.

AIR : *Partons, suivons les pas du héros qui nous guide.* (Fernand Cortès.)
Quel tapage, bon Dieu !
Qui donc à cet esclandre
Aura pu donner lieu ?
On croirait tout en feu.

SCENE XVII.

LES MÊMES, PHILIPPE, Mme LANDRY.

PHILIPPE, *sortant, à la cantonnade.* C'est bon !... vous n'avez pas besoin de me le dire deux fois...

Mme LANDRY, *sortant après lui.* Je le dirai vingt, si ça me plaît... Sortez !... et ne remettez jamais les pieds ici...

TOUS. Ciel !...

LE PÈRE BLANDIN. Comment ?... une discussion !

Mme LANDRY, *aux invités.* Non ! plus de mariage... tout est rompu entre nous !...

LE PÈRE BLANDIN, *à Mlle Pierret.* C'est vous qui aviez raison... c'était pas conclu... c'était rompu... (*A Mme Landry.*) Vous n'aurez pas le courage...

Mme LANDRY. Je l'aurai... un mauvais sujet !... Mais je ne suis plus sa dupe...

PHILIPPE. Ni moi la vôtre... je quitte votre maison... le pays pour toujours.

Mlle PIERRET, *regardant par la porte à droite.* Mère Landry... votre fille qui se trouve mal... (*Elle entre.*)

Mme LANDRY, PHILIPPE, LES JEUNES FILLES. Louise !...

Les jeunes filles entrent à la suite de Mlle Pierret ;
Mme Landry va pour les suivre.

PHILIPPE. Ah ! je cours !...

Il s'élance vers la porte où va Mme Landry.

Mme LANDRY. Je vous le défends ! je vous le défends expressément.

LE PÈRE BLANDIN, *bas à Mme Landry.* Ne l'irritez donc pas... Allez-vous-en... pendant que je vais le retenir... ou il serait capable de tout !...

Mme Landry sort.

SCENE XVIII.

LE PÈRE BLANDIN, PHILIPPE.

LE PÈRE BLANDIN ; *assis, et prenant un air consterné.* Ah ! ciel du bon Dieu !... qu'est-ce qui s'est donc passé, mon pauvre cher m'sieur Philippe... que ça m'a porté un coup !...

PHILIPPE. Je suis encore à le comprendre... un maudit article du contrat, qui a soulevé un débat entre Mme Landry et votre filleul... Car moi, j'aurais cédé, je n'y tenais pas... mais il a défendu son ouvrage...

LE PÈRE BLANDIN. Ah ! dam !... comme je lui ai toujours dit à ce cher filleul... la justice, la probité avant tout... Eh ben !...

PHILIPPE. Eh bien !... Mme Landry s'est emportée... Oh ! mais une colère !... jusqu'à me dire que je voulais refuser tous les droits à Louise, pour la tenir dans ma dépendance et la séparer de sa mère... Moi... ça m'a blessé...

LE PÈRE BLANDIN. C'est fait pour ça !... quand on a du cœur... Tenez, moi, rien que de vous entendre... (*il indique une souffrance nerveuse.*) C'est plus fort que soi...

PHILIPPE. Sans doute... car j'ai laissé échapper, dans mon dépit, quelques mots sur cet autre mariage qu'on m'avait caché... qu'on regrette peut-être encore... Oh ! alors ç'a été des reproches... des injures... Je suis un buveur... un querelleur, un libertin...

LE PÈRE BLANDIN. Ah !... ah !... est-il Dieu possible !.. Mais qui est-ce qui a pu leuz aller conter de pareilles inventions ?... Seigneur !... que je suis donc fâché de n'avoir pas été là !... je vous aurais raccommodés...

PHILIPPE, *du ton d'un homme qui entrevoit de l'espérance.* Sans doute... un brave homme comme vous... il suffirait peut-être d'un mot...

LE PÈRE BLANDIN. Mais, à présent, il est ben tard...

PHILIPPE, *désappointé.* Vous croyez ?.. (*Essayant de prendre son parti.*) Au fait... c'est peut-être un bien... car avoir Louise pour femme, et douter de son cœur, c'eût été pour moi un supplice de tous les instans...

LE PÈRE BLANDIN. Ah ben !.... non... j' voulais... mais... non... pas de raccommodement... je n'essayerai pas... Vous voir malheureux, m'sieur Philippe !... et cette fois-ci, ça serait sans remède... Ce n'est pas comme pour la perte de ce grade....

vous savez... il y a trois mois , ce grade que vous désiriez tant... ce grade...

PHILIPPE, *comme frappé d'une idée.* Ah!... vous m'y faites songer... on vient de me l'offrir...

LE PÈRE BLANDIN. Bah!...

PHILIPPE. Vous ne saviez pas?...

LE PÈRE BLANDIN. Par qui l'aurais-je su?...

PHILIPPE. Dam!... par votre filleul peut-être, qui arrive de Caen...

LE PÈRE BLANDIN. Non , mon Dieu, non!... ce que j'en disais, c'est pur ha-sard...

PHILIPPE. Ou plutôt une inspiration de votre amitié...

LE PÈRE BLANDIN. Peut-être ben ça... ça doit être ça.

PHILIPPE. Oui... reprendre du service... voilà ma vengeance...

LE PÈRE BLANDIN. Oh! excellente!... oh! parfaite!... Est-ce étonnant! je n'y pensais pas.

PHILIPPE.

AIR : *Elle a trahi ses sermens et sa foi.*

Oui, c'en est fait, je retourne au drapeau,
Et si plus tard, dans un jour de victoire,
J' puis mériter, par quelque exploit nouveau,
Que mon nom brille et qu'on l' cite avec gloire,
Louise, à moi ça t' forcera de songer :
Ah ! je n' vais plus aimer que le danger,
Louise, à moi puisqu'il t' forc'ra d' songer,
Je ne vais plus aimer que le danger.

LE PÈRE BLANDIN, *avec précaution.* Il n'y a qu'un embarras, maintenant... nous n'y pensions pas... c'est... votre ferme...

PHILIPPE. Il est vrai...

LE PÈRE BLANDIN. Parce que, quand on n'est pas là, une vraie ruine!... Quel dom-mage que vous ne l'ayez pas vendue il y a trois mois, d'autant que depuis, les biens de la campagne ont tant baissé!... On ne sait pas où ça s'arrêtera. Il n'y a que le bon Dieu qui sait ça.

PHILIPPE. Ah!...

LE PÈRE BLANDIN. Et qu'est-ce qu'on vous donnera de ça, aujourd'hui? peut-être bien... trente mille francs.

PHILIPPE. Hein?... une ferme qui a été estimée quarante mille francs, à la mort de ma tante, vous le savez bien.

LE PÈRE BLANDIN. Pardi, oui; mais la baisse, et la baisse que vous oubliez.

PHILIPPE. Eh bien... au fait, quelques billets de plus ou de moins quand on ne songe plus qu'à aller se faire casser la tête... Tenez, que je trouve seulement du comptant... de l'or, des écus; car je veux en finir tout de suite et tout-à-fait, pour ne plus revenir dans ce maudit pays.

LE PÈRE BLANDIN. Je conçois ça... mais vous ne pouvez pourtant guère espérer trouver...

PHILIPPE. Comment?... en la laissant pour le prix que vous disiez...

LE PÈRE BLANDIN. Eh! eh!... j'ai dit ça... oui, moi qui n'y suis pour rien... mais les acheteurs... dix mille écus, ça ne se trouve pas encore sous le pied d'un cheval... et du comptant... il vous faut du comptant, à vous... vous vous dites : Je pars... j'ai peu le temps d'attendre... je veux du comptant... et au jour d'aujour-d'hui que l'argent est si rare...

PHILIPPE. Oui... ce sera difficile... peut-être qu'en faisant afficher...

LE PÈRE BLANDIN. Ah! oui! oui... peut-être... encore une bonne idée ; mais les gens d'ici sons si malins... ils sont capa-bles de s'entendre pour abuser... et puis... faudrait encore bien six mois!...

PHILIPPE. Pas un jour... une heure..... c'est pour ça que si j'osais vous prier...

LE PÈRE BLANDIN, *feignant de se mé-prendre.* De leur parler?...

PHILIPPE. Non... pas ça... de... mais non, vous ne voudriez pas...

LE PÈRE BLANDIN. Dites toujours, dites toujours... ah bien!... n'allez-vous pas vous gêner avec moi, à présent! un ami...

PHILIPPE. Eh bien! père Blandin... cette ferme est à votre convenance... à côté de votre propriété... (*Geste de refus de Blan-din.*) Comment... pour tirer un ami d'em-barras?...

LE PÈRE BLANDIN. Justement... voilà justement ce qui m'arrête... parce que, ma réputation avant tout, mon bon Phi-lippe... j'y tiens, et j'ai été si mal payé des services que j'ai rendus... (*Mouvement de Philippe.*) Ah ! ah!... pardi, vous qui saurez ce qui en est, je ne vous crains pas... vous me rendrez justice : mais j'en-tends déjà la Pierret crier partout que j'ai profité de votre position.

PHILIPPE. Par exemple!... ce serait in-digne... quand c'est pour m'obliger... puisque c'est pour m'obliger... c'est moi qui vous prie, je le lui dirai à elle-même.

LE PÈRE BLANDIN. A la bonne heure, mais...

PHILIPPE. Je vais aller le dire à tout le monde.

LE PÈRE BLANDIN, *le retenant.* Non, non... merci... je vois que vous me jugez bien... ça me suffit... et tenez... rien que ça serait capable... sans la Pierret... et si ce n'était pas tant d'argent...

PHILIPPE. Allons, allons, père Blandin,

est-ce qu'un honnête homme comme vous doit reculer devant des caquets?...

LE PÈRE BLANDIN. Ah bien !... au fait, oui... vous avez raison... on dira ce qu'on voudra... parce qu'au surplus... quand la conscience est là.... qui vous dit... eh bien! alors... je me dis : Tu as fait une bonne action... le bon Dieu qui est là-haut... et puis M. Philippe... qui est ici... et qui me connaît, voilà tout, je suis content... (*Avec effusion.*) Faire du bien... eh! mon Dieu... mais c'est le plus grand bonheur... c'est... ah!... tant pis pour les méchans qui ne comprennent pas ça... je les plains du fond du cœur... et, enfin, puisque vous êtes bien décidé....

PHILIPPE. Ah! très-décidé.

LE PÈRE BLANDIN. Eh bien... mon cher Philippe... écoutez : j'ai chez mon notaire, à Caen... vingt-cinq mille francs... c'est tout ce que j'ai au monde... mais il ne sera pas dit que j'aurai laissé un brave garçon comme vous dans la peine... ça y est-il?... '

PHILIPPE, *hésitant.* Vingt-cinq mille francs ?

LE PÈRE BLANDIN. C'est du comptant !...

PHILIPPE, *avec résolution.* Ah! bast... c'est bien... très-bien... Père Blandin... convenu... ma ferme est à vous.

LE PÈRE BLANDIN, *d'un air de résignation.* Votre volonté soit faite... mais je n'en regrette pas moins... (*s'attendrissant*) parce que je vas perdre un ami, un vrai ami... et certainement... si ç'avait été un autre que vous... mais c'est dans ces occasions-la qu'on me trouve. Il y a un tas de gens qui vous disent : Je suis ton ami... vous irez leur demander cinquante ou soixante francs, ils vous répondront : Je ne peux pas, je suis bien gêné... moi, vous me demandez vingt-cinq mille francs... je n'ai que ça au monde... vingt-cinq mille francs, les yeux fermés, les voilà.

PHILIPPE, *lui serrant la main.* Merci... au surplus, il est encore possible que je n'abuse pas de votre générosité.

LE PÈRE BLANDIN. Hein ! comment ?

PHILIPPE. Mon Dieu, oui... d'ici à ce que nous soyons à Caen, pour faire dresser l'acte de vente, si, malgré mon capitaine, le colonel avait changé d'idée et déjà donné le grade à un autre... alors, je garderais ma ferme.

LE PÈRE BLANDIN, *avec inquiétude.* Non, non... c'est impossible... vous n'aurez pas ce chagrin-là... en partant aujourd'hui tous les deux...

PHILIPPE. C'est cela... aujourd'hui.

LE PÈRE BLANDIN. Oui, le grand Sorel va m' prêter ses deux bidets.

PHILIPPE. Moi, je vais faire mon portemanteau, car je serais un lâche de rester un jour de plus dans cette maison. (*A part.*) Ah! Louise... Louise!... allons, morbleu!... pas de faiblesse... (*Haut.*) Sans adieu, père Blandin... dans une heure... je vous rejoins.

Il sort par la gauche.

SCÈNE XIX.

LE PÈRE BLANDIN, Mlle PIERRET.

LE PÈRE BLANDIN, *qui a suivi Philippe des yeux, en le voyant enfin sortir, se laisse tomber sur un siége, tire son mouchoir, s'essuie le front et s'évente d'un air joyeux.* Ah! ouf!... il y a... des...

Mlle PIERRET, *sortant de la chambre à droite, le regardant.* C'est ça... éventez-vous bien, père Blandin... vous avez eu assez de peine depuis ce matin.

LE PÈRE BLANDIN, *se servant vite de son mouchoir comme pour essuyer ses yeux, d'un ton de sensibilité.* Tant qu'à ça, oui, j'en ai eu, ma chère demoiselle, et j'en ai encore, de la peine !...

AIR : *Connaissez-vous le grand Eugène.*

Voir des brav's gens, auxquels on s'intéresse,
Tout d'un coup se brouiller comm' ça,
Ça m' fait un mal, qui m'étouffe et m'oppresse,
A croire que j'en mourrai...

Mlle PIERRET.

Bah! bah !

J' vous garantis contr' cett' mort-là.
Comme homm' de tête, il faut vous rendre hommage,
Vous n'avez pas fait vos preuv's d'aujourd'hui ;
Et vous avez assez d' courage
Pour supporter... les maux d'autrui.

LE PÈRE BLANDIN, *s'essuyant encore les yeux comme s'il n'avait pas fait attention à ce qu'elle lui a dit.* Ah!...

Mlle PIERRET. Ne vous fatiguez donc pas à larmoyer... entre nous... c'est du bien perdu... Suffit que vous devez être content de moi, que je me suis tue, que je ne vous ai contre-carré en rien...

LE PÈRE BLANDIN, *d'un ton de surprise candide.* Plaît-il?... je ne sais pas ce que vous voulez dire...

Mlle PIERRET. Ah ! nous nous entendons très-bien... il ne reste plus qu'à me *siner* mon bail...

LE PÈRE BLANDIN *comme cherchant un souvenir très-éloigné.* Votre bail... ah! oui... eh ben?... n'avez-vous pas ma parole?...

Mlle PIERRET. C'est égal... votre signature ne fera pas de mal...

LE PÈRE BLANDIN. C'est trop juste.....
c'est plus fini... c'est plus correct... les paroles, c'est des femelles, et les écrits des...
comme on dit... je vous dois ben la préférence, à prix égal...

Mlle PIERRET. Hein !...

LE PÈRE BLANDIN. Oui... on m'en a offert cinq cents livres...

Mlle PIERRET. Cinq cents livres à présent... vous riez, je suppose...

LE PÈRE BLANDIN *d'un ton de sensibilité.*
Ah ! mademoiselle Pierret, vous me faites
tort.... Est-ce que je suis en état de rire
quand mes pauvres amis?... ah !... (*Retour
brusque au ton naturel.*) Vous n'aurez pas à
un centime de moins...

Mlle PIERRET. Père Blandin !.. un instant.... je vous vois venir..... vous croyez
n'avoir plus besoin de mon silence, et vous
voulez me manquer de parole !... Oh ! je
vous connais, vieux Judas, et je vous forcerai bien à me donner...

LE PÈRE BLANDIN, *offensé.* Oui !... pour
cinq cents livres...

Mlle PIERRET. Cinq cents livres..... une
vieille bicoque !...

LE PÈRE BLANDIN. Ah ! mademoiselle
Pierret, à nos âges ne faut pas mépriser ce
qui est vieux.

Mlle PIERRET *en colère.* A nos âges......
Père Blandin !..

LE PÈRE BLANDIN *avec sang-froid.* Ne
vous emportez point, ma chère demoiselle.
La colère vous écarquille les yeux d'une
façon qui ne vous enjolive pas du tout.

Mlle PIERRET *outrée.* Croyez-moi, ne me
faites pas sortir de mon caractère...

LE PÈRE BLANDIN. Ça serait pourtant ben
un service d'ami à vous rendre !

Mlle PIERRET. Plaît-il ?....

LE PÈRE BLANDIN. Du moins, s'il faut
en croire ce qu'on disait de vous, l'autre
jour après vêpres.

Mlle PIERRET. Je me soucie bien de la
manière dont on peut parler de moi.....
Qu'est-ce qu'on disait?...

LE PÈRE BLANDIN. Ne me faites pas jaser, mademoiselle Pierret... je n'aime pas
ça, je n'aime point à faire de la peine aux
gens, à de braves gens comme vous, mademoiselle Pierret.

Mlle PIERRET. Dites toujours.

LE PÈRE BLANDIN. Et comme je leuz-y ai
dit : Ceux qui disent que la Pierret est une
vipère, un aspic...

Mlle PIERRET. Hein ?

LE PÈRE BLANDIN. Qui fait la princesse
détrônée par les révolutions, et qui était à
Paris garde-malades, poseuse de sangsues.....

Mlle PIERRET. Ah !.. assez... assez...

LE PÈRE BLANDIN. C'est comme ceux qui
vous reprochent d'être une vieille fille.

Mlle PIERRET *tombant presque en syncope.*
Vieille fille !...

LE PÈRE BLANDIN. Encore un reproche
bien injuste... d'être vieille fille... car enfin, s'il n'y a pas eu de votre faute...

Mlle PIERRET *d'une voix étranglée par la
fureur.* Père Blandin !...

LE PÈRE BLANDIN, *toujours avec le même
calme.* Si dans votre jeunesse vous n'avez
pas trouvé...

Mlle PIERRET, *essayant de parler et suffoquée.* Pè... Pèr... Blandin...

LE PÈRE BLANDIN. Qu'est-ce que vous
avez?... voulez-vous point prendre un verre
d'eau, mademoiselle Pierret?

Mlle PIERRET, *allant à lui.* Je veux... je
veux... vous arracher les deux yeux...

LE PÈRE BLANDIN. Ouais !..... tous les
deux?... à la fois?... je ne pourrions donc
plus vous voir... c'est-il ça qui serait un
malheur !.... ce qui me rassure, c'est que
vous êtes ben trop douce pour vous mettre
en contravention avec le code pénal, mademoiselle Pierret... vous faire arriver de
la peine...

Mlle PIERRET. Courage... brave-moi...
nargue-moi bien... maintenant que tu ne
crois plus possible que j'empêche tes projets...

LE PÈRE BLANDIN. Qués projets?...

Mlle PIERRET. Oh ! cet ingénu qui n'y
touche pas !..... heureusement qu'à l'aide
de ce que j'avais déjà deviné, j'ai fait jaser ton filleul.

LE PÈRE BLANDIN, *s'oubliant.* Mon filleul?...

Mlle PIERRET. Ah ! ça te fait effet... ah !
mon cher ami, tu n'en es pas encore où
tu penses, avec tes manœuvres... ah !.. tu
m'humilies des pieds à la tête... tu m'enlèves mon loyer.... Eh bien ! tu perdras
une ferme... c'est moi, Scolastique Rigoberte Pierret qui te le dis.

Fausse sortie.

LE PÈRE BLANDIN. Eh ! là... là... mon
Dieu... mais est-il possible que vous vous
enleviez à ce point-là pour des niaiseries...
Eh ! seigneur ! votre loyer, ma chère demoiselle... comment vous n'avez pas compris le petit badinage... Voyons, où est-il
ce bail, que je vous le *sine* ?

Mlle PIERRET. Ton bail... je n'en veux
plus... tu peux bien le garder, ton bail...
le manger, ton bail... et que ça t'étrangle!...

LE PÈRE BLANDIN. Allons... c'est la colère... quelle soupe au lait, mon Dieu!...

hé ! hé ! hé ! elle a quinze ans... elle n'a pas quinze ans... Allons, pour faire la paix je vous rajoute dix perches de vignes...

Mlle PIERRET. Je n'en veux plus...

LE PÈRE BLANDIN. Je vous réduis à 200 livres...

Mlle PIERRET. Tu m'offrirais pour cinquante écus le bail des Tuileries y compris le jardin, que je n'en voudrais pas... j'aime mieux être vengée... et pour ça, je te démasquerai aux yeux de tout le monde, à commencer par M. Philippe... je vais t'habiller à mon tour.

LE PÈRE BLANDIN. Allons donc... on ne vous croira point... grâce au ciel ma réputation...

Mlle PIERRET. C'est ce que nous verrons. Adieu, vieil indigne, vieux renégat...

Elle sort par la droite.

LE PÈRE BLANDIN. Mademoiselle Pierret...

Mlle PIERRET, *reparaissant*. Adieu, treizième apôtre !...

Elle sort définitivement.

LE PÈRE BLANDIN. Mamzelle...

SCENE XX.

BLANDIN, LOUISE.

LOUISE. Ah ! c'est vous... ah ! mon bon monsieur Blandin... quel malheur !...

LE PÈRE BLANDIN. Ah ! oui... vous m'en voyez encore tout...

LOUISE. Et... et... M. Philippe...

LE PÈRE BLANDIN, *en soupirant*. Ne m'en parlez pas, j'ai fait tout ce que j'ai pu pour le retenir ; mais il n'écoute rien, il veut partir, il nous quitte... et comme il désire que je l'accompagne un bout de chemin... je vais nous quérir deux bidets... (*s'en allant en soupirant*) je vais chercher des bidets.

Il sort par le fond.

SCENE XXI.

LOUISE, seule.

C'est donc fini !... plus d'espoir !... il partira... et sans se douter même que je l'aimais depuis son dernier voyage, depuis deux ans... Ah ! puissé-je l'oublier moi-même !... et pour cela, renvoyons-lui ce dépôt que m'avait légué sa tante, la seule personne qui eût deviné mon secret. (*Elle prend le coffret, l'ouvre, et en sort un ruban avec une croix de la Légion-d'Honneur.*) Ah ! Philippe !... Philippe !...

SCENE XXII.

LOUISE, Mlle PIERRET, *rentrant par la porte à gauche.*

Mlle PIERRET, *à elle-même*. Ce Philippe, refuser de me croire, de m'entendre même ! brutal !... pas le moindre égard pour le beau sexe !....

LOUISE, *portant la croix et le ruban à ses lèvres*. Allons... un dernier adieu !...

Mlle PIERRET. Ah !.. Louise... je te rencontre à propos... écoute... apprends...

LOUISE. Rien de vous, mademoiselle Pierret... venez-vous chercher à me rendre plus malheureuse ?...

Mlle PIERRET. Là !... elle aussi, qui m'accuse... hum !... vous mériteriez, ton Philippe et toi !...

LOUISE *vivement*. Que dites-vous de Philippe ?...

Mlle PIERRET. Je dis... je dis que tu as beau n'être qu'une ingrate et une imbécile... c'est moi qui ai fait ton éducation, je veux te protéger, assurer ton bonheur... (*Lui prenant la main.*) Ecoute, hein ? qu'est-ce que je sens là ? (*lui ouvrant la main presque de force.*) ce ruban !... cette croix !..

LOUISE. Chut !...

Mlle PIERRET *devinant*. Eh ! mais c'est...

SCENE XXIII.

LES MÊMES, PHILIPPE, *entrant par la porte à gauche, un porte-manteau à la main.*

PHILIPPE, *regardant Louise et à part*. Oui, elle est là...

LOUISE, *apercevant Philippe*. Ciel !...

Mlle PIERRET. Philippe...

PHILIPPE *à Louise après avoir posé son porte-manteau sur une chaise*. Pardon, mademoiselle..... ce n'est pas vous que je cherchais... c'est Michel, pour acquitter ma dépense avant de partir...

Mlle PIERRET. Partir... je vous en défie à présent... je vous forcerai bien à rester.

PHILIPPE. Moi !..

Mlle PIERRET. Oui, quand vous aurez vu ce qu'elle cachait là... (*Elle montre le coffret que Louise a laissé ouvert sur la table.*) ce qu'elle a gardé deux ans...

LOUISE, *voulant s'en défendre*. Mademoiselle Pierret !...

PHILIPPE, *avec surprise et joie*. Ciel !... ma croix que j'avais envoyée à ma tante ! (*Voyant le coffret ouvert.*) Dans ce coffret !..

Mlle PIERRET. Est-ce là une preuve d'amour ?.... voilà pourquoi elle refusait tous les partis...

PHILIPPE, *avec un retour de jalousie*. Tous hors un seul !... il y a trois mois...

LOUISE, *vivement.* Quand vous alliez vous réengager...

Elle s'arrête et baisse les yeux comme honteuse de ce qu'elle a dit.

Mlle PIERRET. Par désespoir... car dès qu'on a su votre retour, c'est elle qui a voulu rompre...

PHILIPPE. Elle... et pour moi... Louise.. Ah !.. je ne me pardonnerai jamais...

LOUISE, *avec grâce.* Il faudra donc que je m'en charge.

Mlle PIERRET. Eh! allons donc... (*A part.*) Oh ! le Blandin va-t-il enrager !...

SCENE XXIV.

LES MÊMES, Mme LANDRY, *sortant de la chambre à droite.*

Mme LANDRY. Que vois-je?...

Mlle PIERRET. Mon ouvrage, ma propre ouvrage..... des heureux que j'ai voulu faire... hein... deux pour mon coup d'essai... deux!...

Mme LANDRY. Vous auriez osé...

Mlle PIERRET. Oui... oui... mais je vous conterai ça plus tard..... ça sera le dessert du repas de noce, car il faut qu'elle ait toujours lieu ce soir, la noce... je cours prévenir M. le maire... M. le curé... et en même temps réunir tous vos invités... ah! justement... (*voyant la claquette*) avec ça... (*sortant par le fond et faisant crier la claquette.*) Eh! les voisins!.. les amis!... à la noce de Louise!.. Eh! eh!... par ici...

SCENE XXV.

PHILIPPE, Mme LANDRY, LOUISE, *et ensuite* LES DEMOISELLES DE NOCE *et autres* INVITÉS.

PHILIPPE, Mme LANDRY, LOUISE.

AIR : *Avec assurance* (Schubry).

Surprise nouvelle,
Comment, c'est donc elle
Dont ici le zèle
Nous rend tous heureux?
Elle, qui se presse
De nuire sans cesse,
Court avec vitesse
Pour combler nos vœux?

PHILIPPE, *voyant les invités rentrer.*

V'là nos amis qu'elle nous adresse
Venez, venez, soyez joyeux !...

ENSEMBLE.

PHILIPPE, Mme LANDRY, LOUISE.

Que j'aime leur zèle !
L'amitié fidèle
Ici les appelle,
Pour nous voir heureux.
Chacun d'eux s'empresse
D' joindre son allégresse
A la douce ivresse
Qui comble nos vœux.

LES INVITÉS.

La bonne nouvelle!
L'amitié fidèle
Ici nous appelle
Pour vous voir heureux.
Chacun d' nous s'empresse
D' joindre son allégresse
A la douce ivresse
Qui comble vos vœux.

SCENE XXVI.

LES MÊMES, LE PÈRE BLANDIN,
et ensuite Mlle PIERRET.

PHILIPPE. Eh ! arrivez donc, père Blandin !...

LE PÈRE BLANDIN. Je me suis fait attendre... mais les bidets sont là.

PHILIPPE. Ils sont là... eh bien!... qu'ils y restent... ah! père Blandin, vous aviez bien raison... Louise est innocente et j'avais tort de manquer de confiance... tout est éclairci et nous sommes réconciliés.

LE PÈRE BLANDIN, *attéré.* Ah!... ah!.. vous.... tout.... ça est..... eh bien!.. tant mieux... ça me fait bien plaisir...

PHILIPPE. Merci... qu'est-ce que vous avez donc?

LE PÈRE BLANDIN. Je ne sais pas... je ne me sens pas à mon aise... (*On le fait asseoir à gauche.*) C'est la joie, je suis si sensible !...

PHILIPPE *et* LES AUTRES. Ah ! ce bon monsieur Blandin !...

Mlle PIERRET, *perçant la foule.* Encore!.. quand je vous dirai...

PHILIPPE, *la repoussant.* Rien... nous ne voulons rien entendre contre le meilleur des hommes... tout ce que nous pouvons faire, c'est de vous conseiller une réconciliation avec lui...

LE PÈRE BLANDIN. Ah!... ça... bien volontiers!..

Mlle PIERRET, *hors d'elle-même.* Moi!... moi!... plutôt....

TOUT LE MONDE. Oh! qu'elle est méchante !

Mlle PIERRET. *Elle les regarde en haussant les épaules, et après un moment d'hésitation.* Eh bien! oui... père Blandin, embrassons-nous.

TOUS. Bravo!...

LE PÈRE BLANDIN, *allant l'embrasser, mais en hésitant.* C'est bien franc de ma part...

Mlle PIERRET, *avançant aussi avec défiance.* Et autant de la mienne... (*Au moment d'embrasser Mlle Pierret, le père Blandin lui saisit les deux mains et les tient écartées. Ils s'embrassent, les assistans applaudissent. Poussant un cri.*) Ah ! ah ! mais vous me faites mal !

LE PÈRE BLANDIN, *riant avec entrain.*
Ah! ah! dam! moi, quand j'embrasse une amie... comme vous... j'y vas de tout cœur.

Il va encore à elle en ouvrant les bras.

Mlle PIERRET. Merci! (*A demi-voix.*) Vous triomphez; je n'ai pas pù vous nuire... mais gare à vous... dès demain je me fais bonne.

LE PÈRE BLANDIN, *avec bonhomie.* Bonne d'enfans?

Mlle PIERRET, *avec ironie.* Non! bonne... comme vous.

AIR : *Chœur final de Madelon Friquet.*
Heureux destin!
A vos désirs tout sourit enfin.
Plus de chagrin!
Vôtre bonheur est certain.

LE PÈRE BLANDIN, *au public.*

AIR *du Vaudeville des Frères de Lait.*
Vous le voyez, grâce à mon caractère,
Je me suis fait aimer de cês brav's gens.
J'ai su, messieurs, les séduire et leur plaire ;
Mais, après tout c' n'étaient qu' des ignorans,
Simples, crédul's, enfin des paysans.
Mais c' qui m' flatterait, ça serait de séduire
Des gens d'esprit... c' fut toujours mon espoir,
J' s'rais bien heureux si je pouvais me dire
Que j'y suis parvenu ce soir,
D' mam'sell' Pierret ça f'rait le désespoir.

REPRISE DU CHOEUR.

Heureux destin, etc.

FIN.

PARIS. — Imprimerie de Ve DONDEY-DUPRÉ, rue St-Louis, 46, au Marais.